कविता और शायरी VOL - 9

श्रीराज मेनन

क्रम-सूची

क्रम-सूची

क्रम-सूची

क्रम-सूची

क्रम-सूची

भूमिका

पुस्तक में लेखक द्वारा लिखित हिंदी कविताएँ और शायरी शामिल हैं। इसमें कविताएं, शायरी और प्रेरणादायक उद्धरण शामिल हैं।

इस पुस्तक में लेखक द्वारा लिखी गई कुछ कविताएँ और शायरियाँ हैं जो प्रेम, प्रकृति और जीवन के सामान्य दैनिक पहलुओं पर आधारित हैं। कुछ प्रेरक प्रसंग भी हैं। प्यार में पाया गया प्यार, खोया हुआ प्यार और फिर से जगा हुआ प्यार शामिल है। इसी तरह, प्रकृति में प्रकृति का महत्व है और लोग बिना किसी दुष्प्रभाव के प्रकृति का अपने फायदे के लिए दुरुपयोग करते हैं। सामान्य में जीवन के सामान्य पहलू होते हैं जो लोगों और परिवेश के साथ चलते हैं।

पावती (स्वीकृति)

मैं अपने उन दोस्तों को धन्यवाद देना चाहता हूं जिन्होंने मुझे कविताएं और शायरी लिखने के लिए प्रेरित किया, जिसे मैं कहता था और भूल जाता था। मैं Your Quote प्लेटफॉर्म और उसके सभी सदस्यों और समूहों को भी धन्यवाद देना चाहता हूं जिन्होंने मुझे अनुमति दी और मुझे इसके मंच पर अपनी सामग्री लिखने के लिए प्रेरित किया। मैं नोशन प्रेस और उसके सभी सदस्यों को भी धन्यवाद देना चाहता हूं जिन्होंने मुझे अपनी सामग्री को अपने मंच और समय-समय पर मार्गदर्शन के माध्यम से प्रकाशित करने की अनुमति दी, जो उन्होंने मुझे मेरी त्रुटियों को ठीक करने के लिए दिया।

1. सुविचार - १

आज का सुविचार

देख ली है सारी दुनिया मैंने पर भारत देश जैसा कोई देश नही

पश्चिमी सभ्यता अपनाने वाले, यह न भूल जाए की दुनिया में

भारतीय सभ्यता सर्व श्रेष्ठ है, जहाँ बड़ों का आदर होता है

लाज, लज्जा, मौजूद होता है, जहाँ प्रेम और इन्सानियत है

जहाँ वासुदेव कुटुम्बाकम का तत्व हैं, जहाँ रिश्तों की एहमियत होता है

वो सिर्फ और सिर्फ भारत देश है हमारा

पश्चिम वाले अपने सभ्यता भूल कर भारतीय सभ्यता अपना रहे है

और हम पश्चिम सभ्यता के दीवाने है

---जय हिन्द ---

— Raj

YourQuote.in

2. सुविचार - २

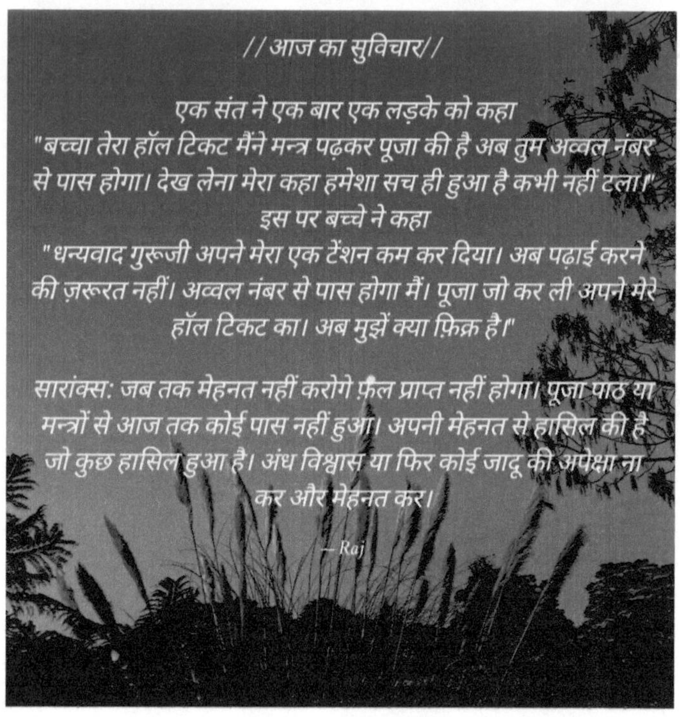

//आज का सुविचार//

एक संत ने एक बार एक लड़के को कहा
"बच्चा तेरा हॉल टिकट मैंने मन्त्र पढ़कर पूजा की है अब तुम अव्वल नंबर
से पास होगा। देख लेना मेरा कहा हमेशा सच ही हुआ है कभी नहीं टला।"
इस पर बच्चे ने कहा
"धन्यवाद गुरूजी अपने मेरा एक टेंशन कम कर दिया। अब पढ़ाई करने
की ज़रूरत नहीं। अव्वल नंबर से पास होगा मैं। पूजा जो कर ली अपने मेरे
हॉल टिकट का। अब मुझें क्या फ़िक्र है।"

सारांक्स: जब तक मेहनत नहीं करोगे फ़ैल प्राप्त नहीं होगा। पूजा पाठ या
मन्त्रों से आज तक कोई पास नहीं हुआ। अपनी मेहनत से हासिल की है
जो कुछ हासिल हुआ है। अंध विश्वास या फिर कोई जादू की अपेक्षा ना
कर और मेहनत कर।

— Raj

3. सुविचार - ३

आज का सुविचार

इन्सान अपना काम छोड़कर मोहब्बत के पीछे लग जाता है
वो ये नहीं जानता की मोहब्बत एक मीठा जहर है, यूँ ही मार देता है

— Raj

Your Quote.in

4. आपदा का समय

प्रतियोगिता-¥195
आपदा का समय

आपदा का समय है कट जाएगा सावधानी से
मिलकर पालना है नियम आपदा के निरोध के

सावधानी से रखना है अपना हर एक क़दम
जब तक ना हारे और हो जाए आपदा ख़त्म

डरना नहीं है सय्यम से उठाने है क़दम हम
देख लेना हर आपदा को शिकस्त कर देंगे हम

— Raj

रचना का सार

Your Quote.in

5. अख़्लाक़ - शिष्टाचार

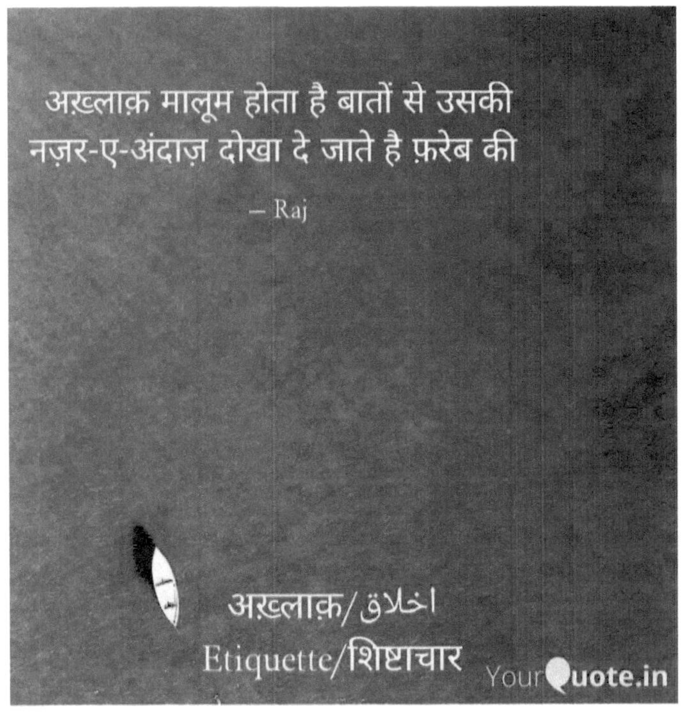

अख़्लाक़ मालूम होता है बातों से उसकी
नज़र-ए-अंदाज़ दोखा दे जाते है फ़रेब की

— Raj

अख़्लाक़/اخلاق
Etiquette/शिष्टाचार
YourQuote.in

6. अँधेरा है ज़िन्दगी में

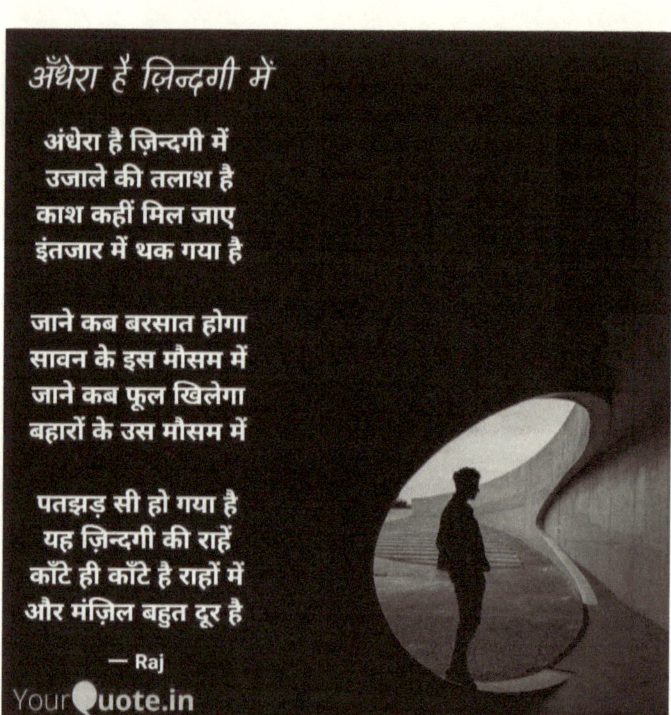

अँधेरा है ज़िन्दगी में

अंधेरा है ज़िन्दगी में
उजाले की तलाश है
काश कहीं मिल जाए
इंतजार में थक गया है

जाने कब बरसात होगा
सावन के इस मौसम में
जाने कब फूल खिलेगा
बहारों के उस मौसम में

पतझड़ सी हो गया है
यह ज़िन्दगी की राहें
काँटे ही काँटे है राहों में
और मंज़िल बहुत दूर है

— Raj

YourQuote.in

7. ज़िन्दगी में मेहमान बनकर

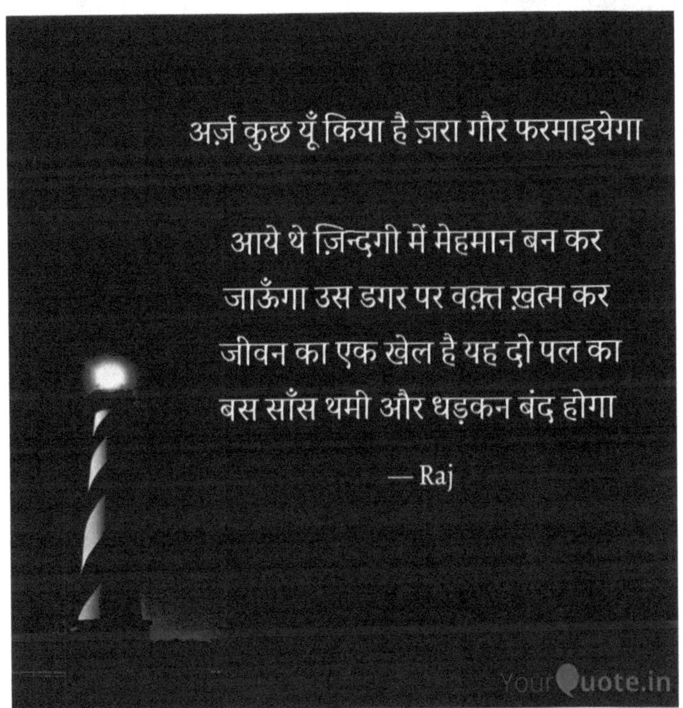

8. ऐतबार कर गलती की

9. अंदाज़-ए-मोहब्बत

अर्ज़ कुछ यूँ किया है ज़रा गौर फरमाइयेगा

अंदाज़-ए-मोहब्बत हमारी कुछ निराली है
अंदाज़-ए-मोहब्बत हमारी कुछ निराली है
जो भी कहता है आई लव यू मुझको
हम उसे परखते जरूर है
तरह तरह से अलग अलग अंदाज़ से

— Raj

10. बेइंतहा मोहब्बत

11. बेवकूफ होता है वो इंसान

अर्ज़ कुछ यूँ किया है ज़रा गौर फरमाइयेगा

बेवक़ूफ़ होता है वो इन्सान जो सब से बड़ा ज्ञानी है
अगर ना होता तो लोग उसे पागल नही कहते
शीश अपना झुकाते और नमन उसका करते
बात उसकी मानते और कुछ सीखने का प्रयास करते

— Raj

12. चाहा था उसे दिल से

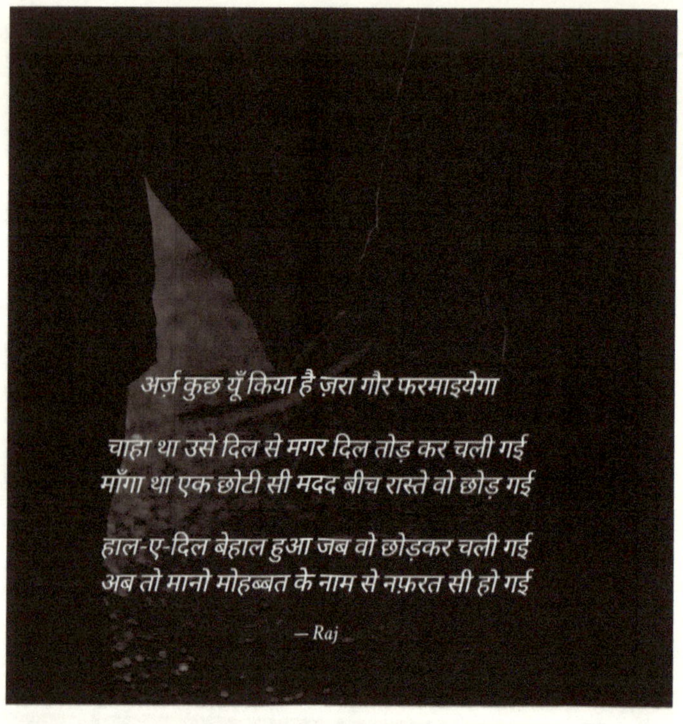

अर्ज़ कुछ यूँ किया है ज़रा गौर फरमाइयेगा

चाहा था उसे दिल से मगर दिल तोड़ कर चली गई
माँगा था एक छोटी सी मदद बीच रास्ते वो छोड़ गई

हाल-ए-दिल बेहाल हुआ जब वो छोड़कर चली गई
अब तो मानो मोहब्बत के नाम से नफ़रत सी हो गई

—Raj

13. देखी है मूलरूप

अर्ज़ कुछ यूँ किया है ज़रा गौर फरमाइयेगा

देखी है मूलरूप की खूबसूरती कहीं हज़ार मैंने
जिसके आगे मेकअप की खूबसूरती फ़िकी लगे
दिखने में मेकअप की खूबसूरती खूबसूरत लगे
मेकअप उतर गया तो मूलरूप सामने आ जाए

— Raj

14. इश्क़ में आग लगी है

15. कुछ लोग आते है

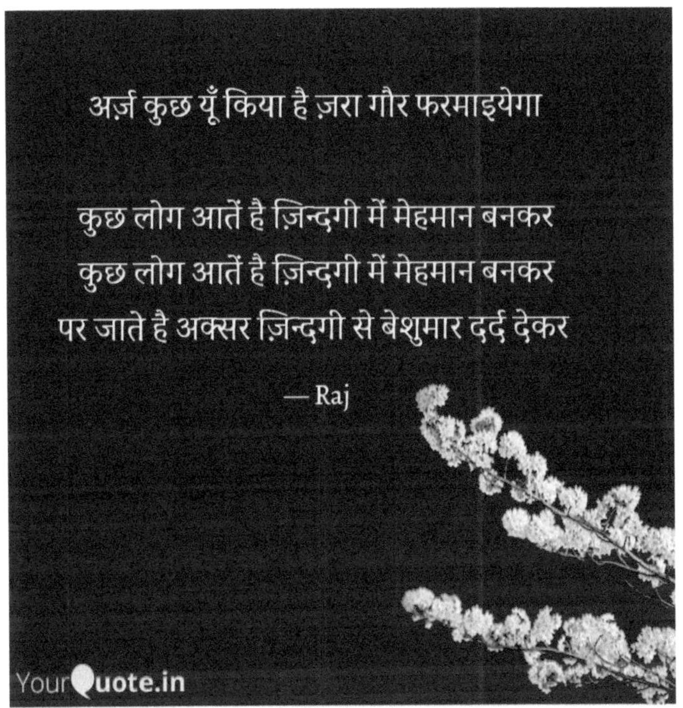

अर्ज़ कुछ यूँ किया है ज़रा गौर फरमाइयेगा

कुछ लोग आतें है ज़िन्दगी में मेहमान बनकर
कुछ लोग आतें है ज़िन्दगी में मेहमान बनकर
पर जाते है अक्सर ज़िन्दगी से बेशुमार दर्द देकर

— Raj

16. लिखते रहिये लुभाते रहिये

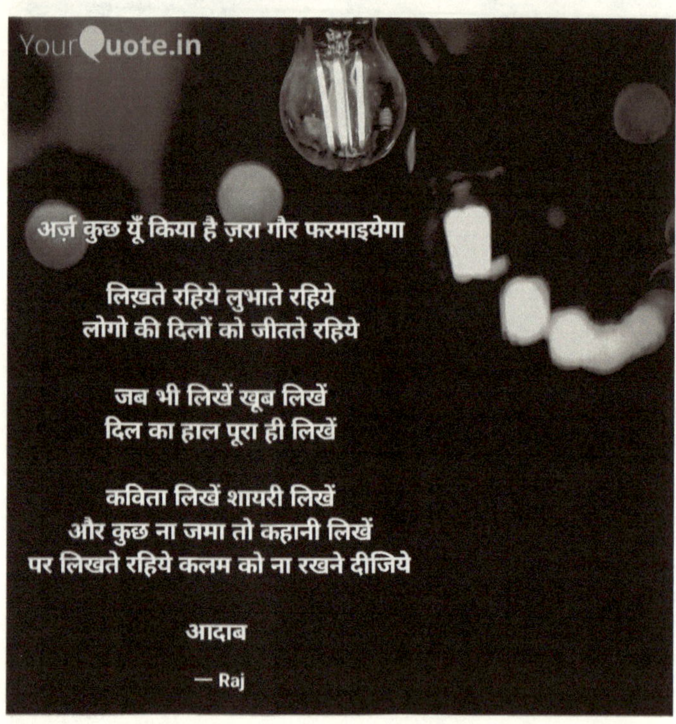

17. मन की इच्छा हो

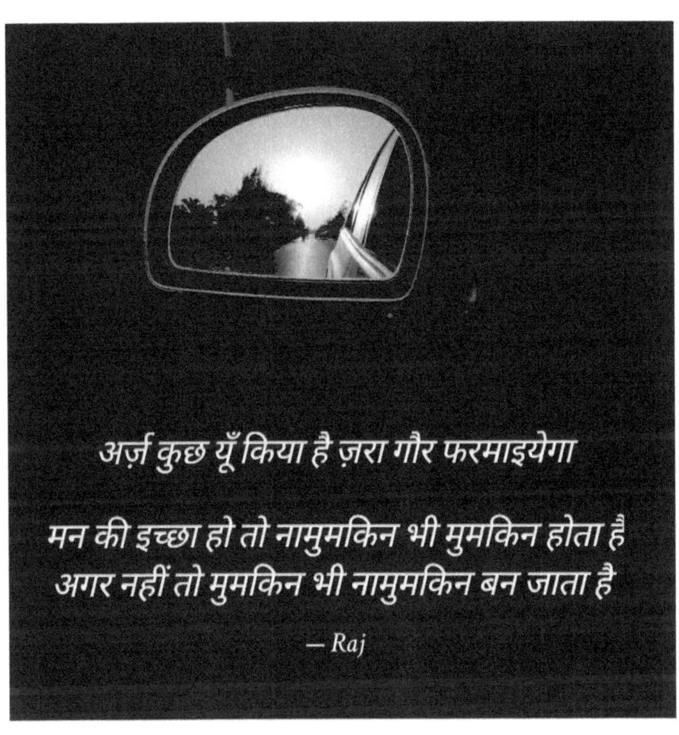

अर्ज़ कुछ यूँ किया है ज़रा गौर फरमाइयेगा

मन की इच्छा हो तो नामुमकिन भी मुमकिन होता है
अगर नहीं तो मुमकिन भी नामुमकिन बन जाता है

— Raj

18. मोहब्बत में अक्सर

19. ना धुप है न छाव

अर्ज़ कुछ यूँ किया है ज़रा गौर फरमाइयेगा

ना धूप है ना छाँव है बस बरसात है
ना धूप है ना छाँव है बस बरसात है
यह ख़ुशी कब होगी बस ग़म बेशुमार है

— Raj

20. सतरंज की मेज पर

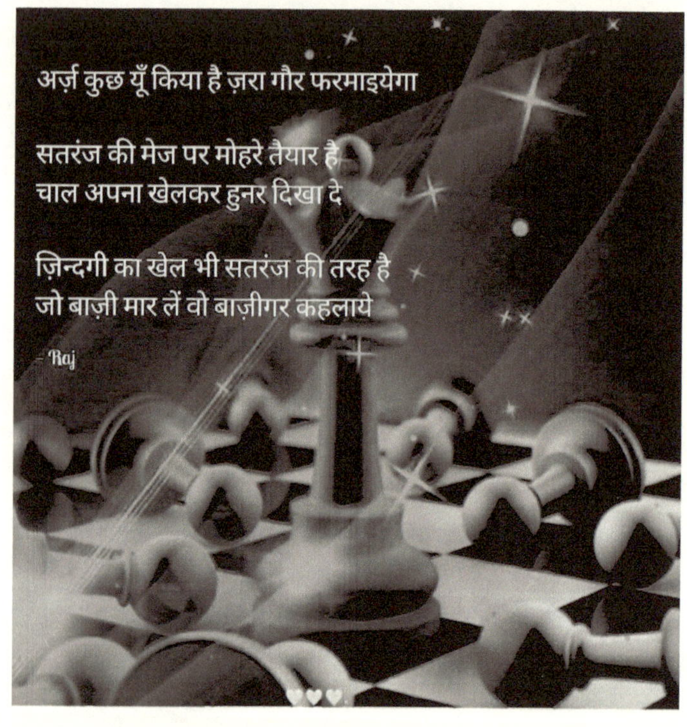

21. तलाश-ए-मोहब्बत

अर्ज़ कुछ यूँ किया है ज़रा गौर फरमाइयेगा

तलाश-ए-मोहब्बत तो चलता ही रहेगा ज़िन्दगी में
ख़त्म होगा तलाश जब मिल जाए हमसफ़र मेरे

हमसफ़र भी ऐसा हो जो रूहानी हो तकद्दीर के मेरे
ढूंढता रहा हूँ जन्म-जन्म से इस मतलबी ज़माने में

यहाँ कोई तो होगा जिसे तकद्दीर में लिखा है मेरा
उस तकद्दीर की तलाश कर रहा हूँ मैं इस ज़माने में

आपकी सहेली

22. उपहार-ए-कायनात

23. वक़्त ठहरता नहीं

24. दिल मेरा कोरा काग़ज़

अर्ज़ कुछ यूँ किया है ज़रा गौर फरमाइयेगा

यह दिल मेरा एक कोरा काग़ज़ था
यह दिल मेरा एक कोरा काग़ज़ था
जो भी आया अपने मर्ज़ी से रंग भरता चला गया
गाना गाने का मन कर रहा था बहुत मगर
क्या करें "रंग बरसे" गाना गाकर यहाँ

— Raj

25. ज़िन्दगी और मौत

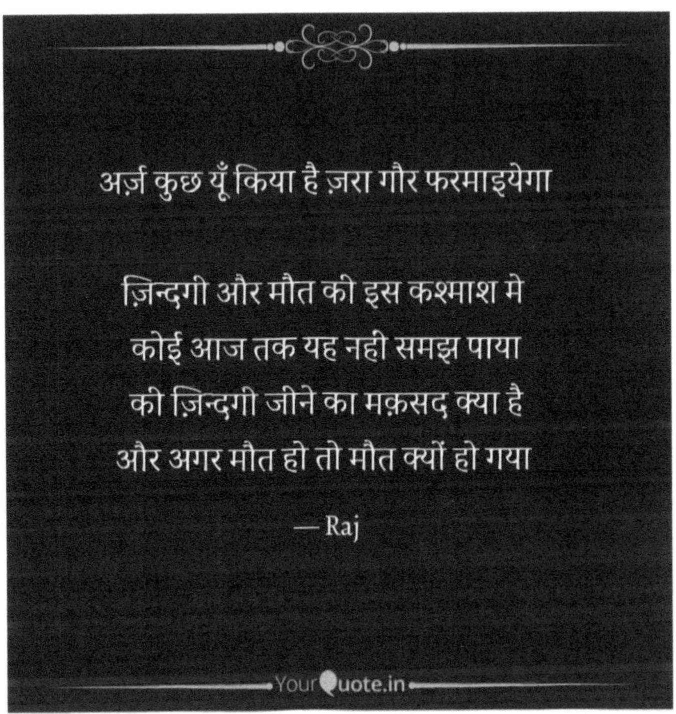

अर्ज़ कुछ यूँ किया है ज़रा गौर फरमाइयेगा

ज़िन्दगी और मौत की इस कश्माश मे
कोई आज तक यह नही समझ पाया
की ज़िन्दगी जीने का मक़सद क्या है
और अगर मौत हो तो मौत क्यों हो गया

— Raj

26. ज़िन्दगी की इस कद से

27. ज़िन्दगी की हर मोड़

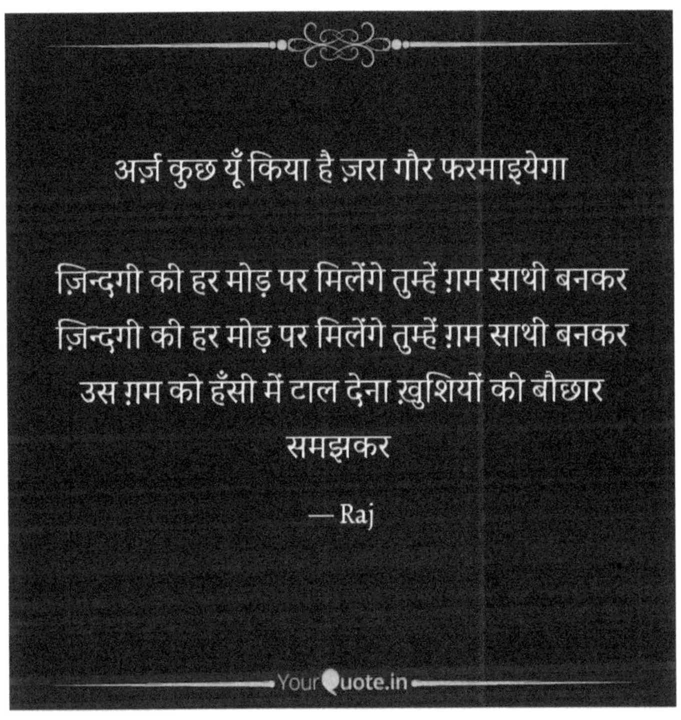

28. और कितना इंतज़ार

29. बहुत समय के बाद

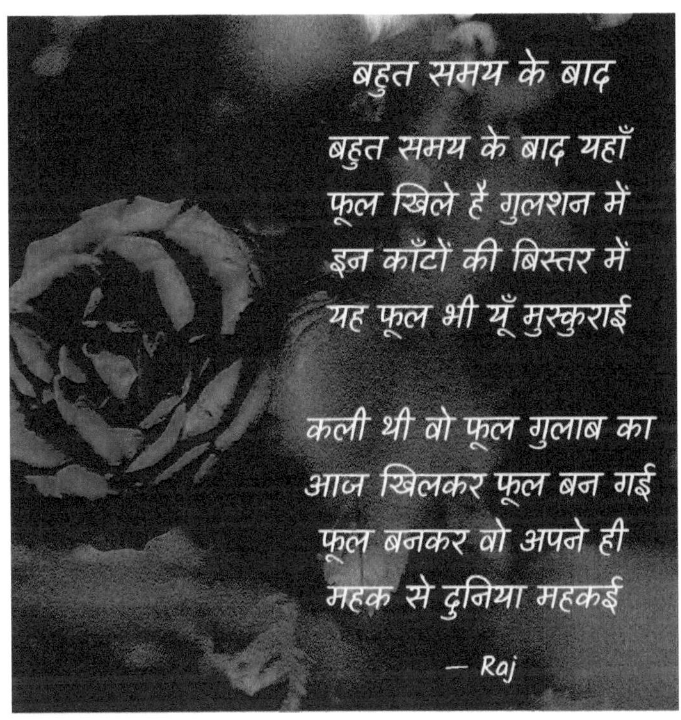

30. जबीं - माथा

बोसा-ए-जबीं से शर्मा गई हो तुम
होठों पर होता तो क्या हाल होता

– Raj

जबीं/جبین
forehead/माथा
YourQuote.in

31. दिल चाहता है

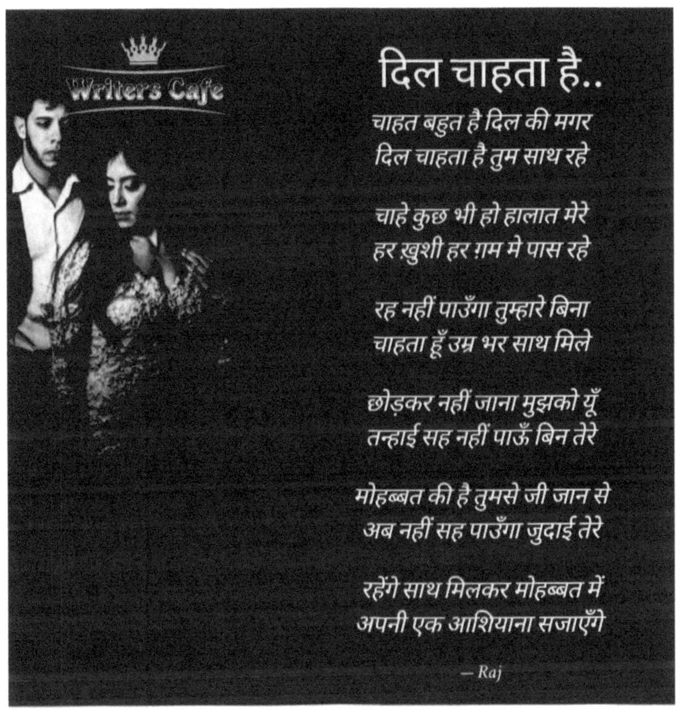

दिल चाहता है..
चाहत बहुत है दिल की मगर
दिल चाहता है तुम साथ रहे

चाहे कुछ भी हो हालात मेरे
हर ख़ुशी हर ग़म मे पास रहे

रह नहीं पाउँगा तुम्हारे बिना
चाहता हूँ उम्र भर साथ मिले

छोड़कर नहीं जाना मुझको यूँ
तन्हाई सह नहीं पाऊँ बिन तेरे

मोहब्बत की है तुमसे जी जान से
अब नहीं सह पाउँगा जुदाई तेरे

रहेंगे साथ मिलकर मोहब्बत में
अपनी एक आशियाना सजाएँगे

— Raj

32. चेहरे पर चेहरा

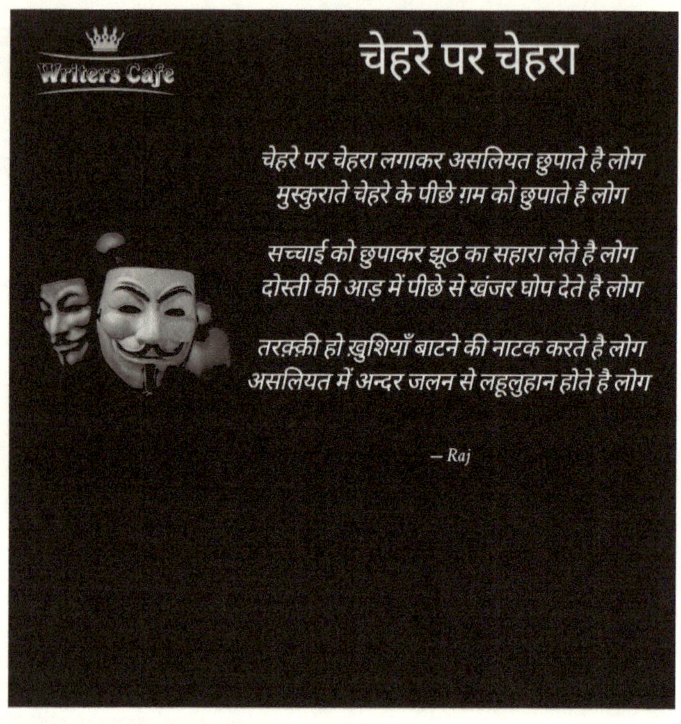

चेहरे पर चेहरा

चेहरे पर चेहरा लगाकर असलियत छुपाते है लोग
मुस्कुराते चेहरे के पीछे ग़म को छुपाते है लोग

सच्चाई को छुपाकर झूठ का सहारा लेते है लोग
दोस्ती की आड़ में पीछे से खंजर घोप देते है लोग

तरक़्क़ी हो ख़ुशियाँ बाटने की नाटक करते है लोग
असलियत में अन्दर जलन से लहूलुहान होते है लोग

— Raj

33. इश्क़ वो रास्ता है

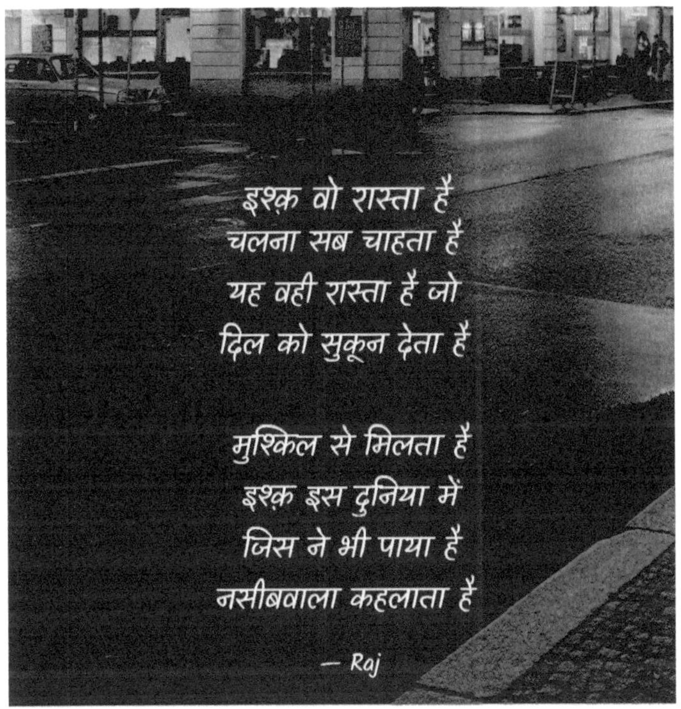

इश्क़ वो रास्ता है
चलना सब चाहता है
यह वही रास्ता है जो
दिल को सुकून देता है

मुश्किल से मिलता है
इश्क़ इस दुनिया में
जिस ने भी पाया है
नसीबवाला कहलाता है

— Raj

34. आँखों की गुस्ताख़ियाँ

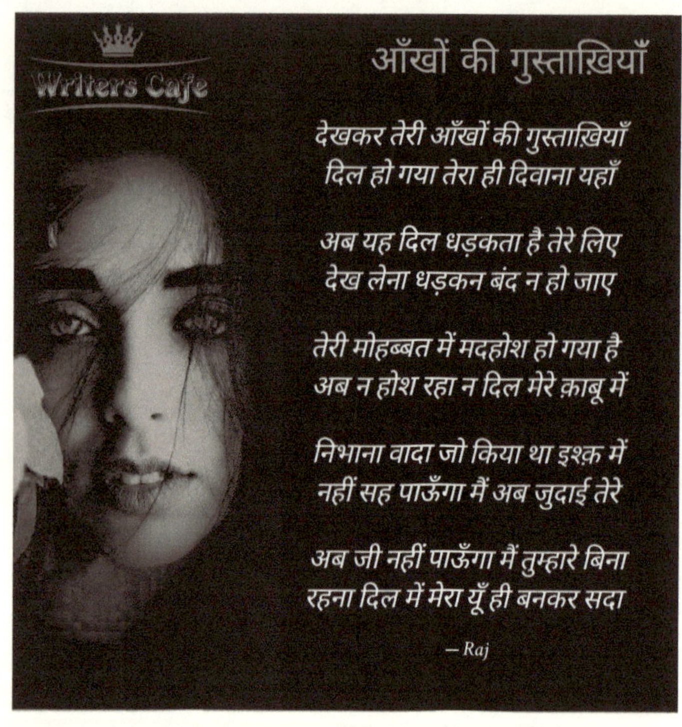

Writers Cafe
आँखों की गुस्ताख़ियाँ

देखकर तेरी आँखों की गुस्ताख़ियाँ
दिल हो गया तेरा ही दिवाना यहाँ

अब यह दिल धड़कता है तेरे लिए
देख लेना धड़कन बंद न हो जाए

तेरी मोहब्बत में मदहोश हो गया है
अब न होश रहा न दिल मेरे क़ाबू में

निभाना वादा जो किया था इश्क़ में
नहीं सह पाऊँगा मैं अब जुदाई तेरे

अब जी नहीं पाऊँगा मैं तुम्हारे बिना
रहना दिल में मेरा यूँ ही बनकर सदा

— Raj

35. दिल की धड़कन

"दिल की धड़कन"

दिल की धड़कन धड़कता रहा है
अपने मिलन को तड़पता रहा है

यादों में तरी यूँ ही मचलता रहा है
जब साथ हो तुम तरसता रहा है

— Raj

36. तेरे इंतज़ार में

तेरे इंतज़ार में

दिन, हफ्ते, महीने गुज़र गये तेरे इंतज़ार में
बेचैनी से राह देख रहा हूँ पर तुम नहीं आए

मिलन की आस लिए बैठा हूँ कुछ इस तरह
जैसे बिन पानी तड़प रहा मछली की तरह

जान निकल जाएगा मेरा अगर तुम न मिली
कहा हो बताओ और आ जाओ पास जल्दी

— Raj

37. हँसना रोना लगा रहेगा

हँसना रोना लगा रहेगा

इस दुनिया में मेरे यारों
हँसना रोना लगा रहेगा
इस जीवन में मेरे यारों
जीना मरना लगा रहेगा

दुःख सुःख का मिलन है
इसे ही जीवन कहते है
सुःख ग़र हो ज़िन्दगी में
दुःख आना भी ज़रुरी है

सुःख ही सुःख हो ज़िन्दगी में
ज़िन्दगी का मेहत्व समझें ना
दुःख ही हर पल सिखाता है
कौन है अपना कौन पराया

— Raj

YourQuote.in

38. रात के साए तले

रात के साए तले

दूर गगन में चमकता सितारों को देख
बीत गया हर पल चाँद तेरी चाँदनी में
रात के साए तले चाँदनी को ओढ़े हुए
तन्हाई की आँगन में बैठा हूँ अकेला मैं
कभी सितारों से बातें कर ढूँढ रहा हूँ मैं
लाखों में एक वो सितारे जो अपना लगे

— Raj

39. एक ताज़ मैं बनाऊंगा

40. गरुर - अभिमान

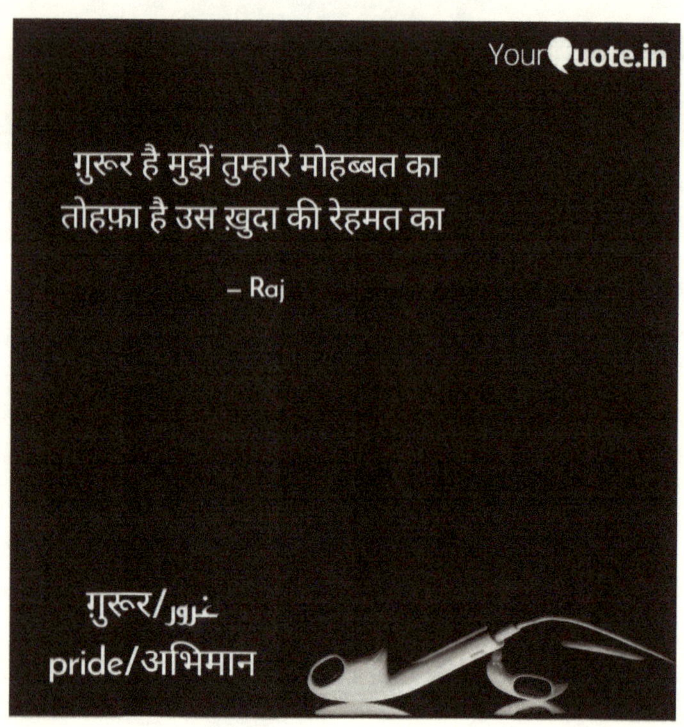
YourQuote.in
ग़ुरूर है मुझें तुम्हारे मोहब्बत का
तोहफ़ा है उस ख़ुदा की रेहमत का
– Raj
ग़ुरूर/غرور
pride/अभिमान

41. रूहानी इश्क़

गुम हो गया रूहानी इश्क़ फ़रेब की दुनिया में
लोग तो अब जेब देखकर ही रिश्ता निभाते हैं
पहले की युग में इन्सान-इन्सान से मोहब्बत करता था
अब की इस दुनिया में इन्सान धन से मोहब्बत करता है

— Raj

42. गुनाह उजागर नहीं होते

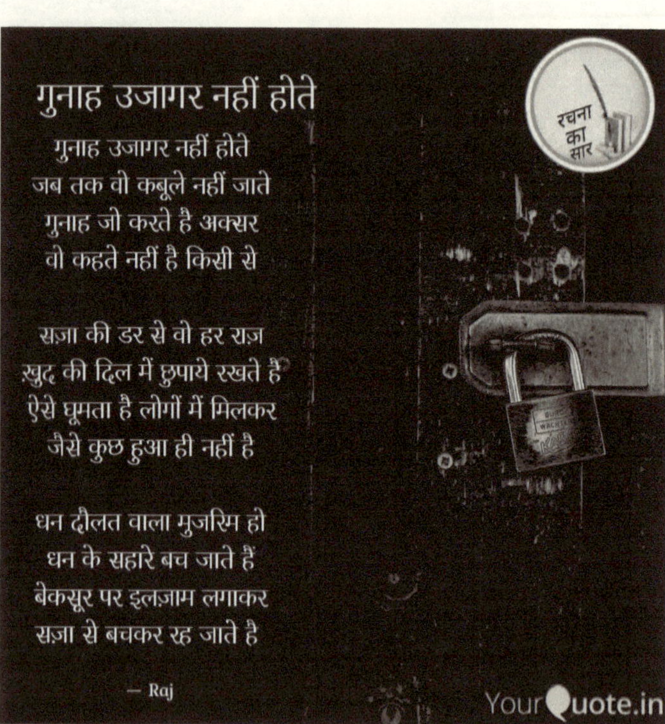

43. हलाक - नष्ट

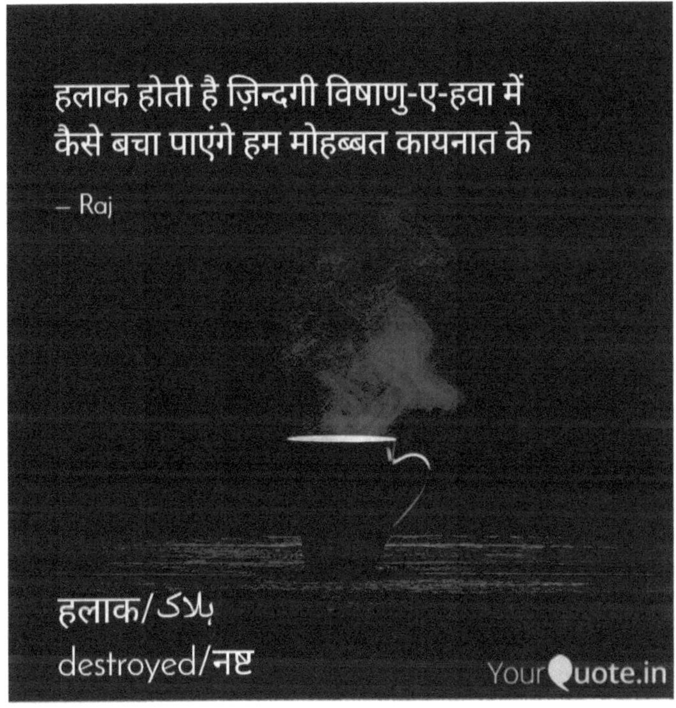

हलाक होती है ज़िन्दगी विषाणु-ए-हवा में
कैसे बचा पाएंगे हम मोहब्बत कायनात के
– Raj
हलाक/ہلاک
destroyed/नष्ट
YourQuote.in

44. हमेशा नहीं रहने वाला

45. ज़िन्दगी का पीछा करते करते

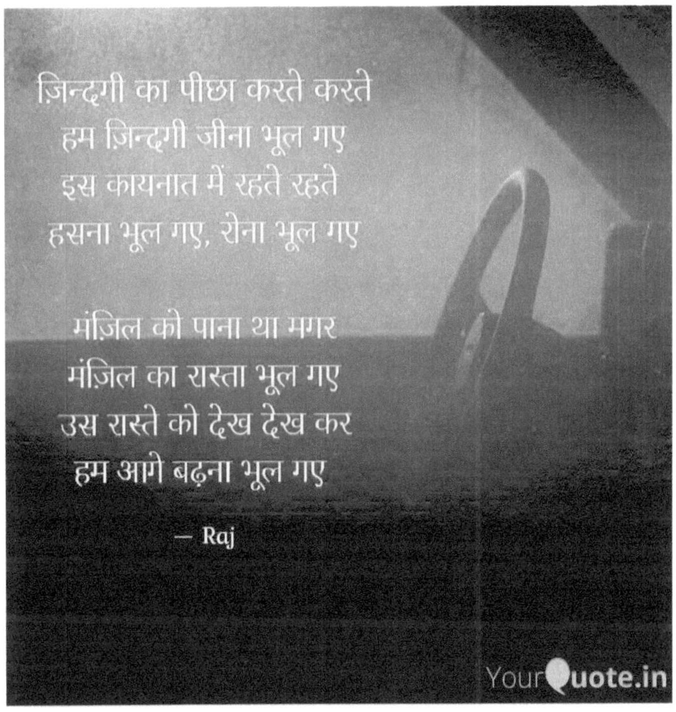

46. हक़ीक़त से सामना

हक़ीक़त से सामना

हक़ीक़त से सामना जब होता है
लोग ख़ामोश होकर खो जाता है

सच्चाई का सामना कर नहीं पातें
फ़रेब की दुनिया में रह नहीं पातें

उने फ़रेब की आदत सी पड़ गई है
और हक़ीक़त से नींद उड़ जाता है

— Raj

Your Quote.in

47. ज़िन्दगी हैरान करती है

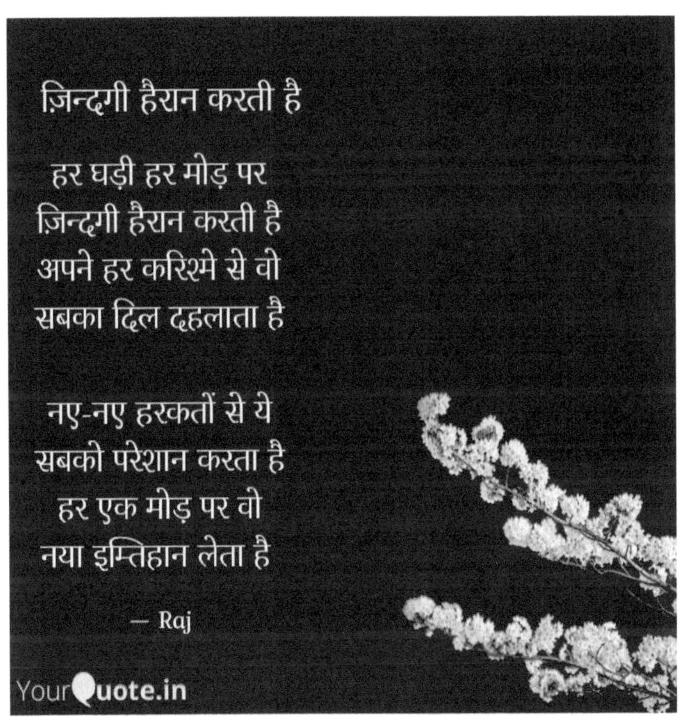

48. हर नया दिन

हर नया दिन एक नई किताब
हर नई किताब एक नया ख़्वाब
हर नई ख़्वाब एक नया चुनौती
हर नई चुनौती एक नया ज़िन्दगी

चलती है यूँ ही ज़िन्दगी की गाडी
हर रोज़ होती है एक नई कहानी
बढ़ता ही जाना है रास्ते यह नयी
काँटे भी हो अगर हँसना है ज़रूरी

— Raj

49. हवस - वासना

हवस का शिकार होता है सब लोग यहाँ
सच्चा इश्क़ करने वाला कोई वफ़ादार नहीं

— Raj

हवस/ہوس
lust/वासना
YourQuote.in

50. इंतज़ार में रहते हैं

51. इश्क़ तौफ़ीक़ है

प्रतियोगिता-¥188
इश्क़ तौफ़ीक़ है

इश्क़ तौफ़ीक़ है ख़ुदा की देन है
निभाए तो ये जन्नत से कम नहीं है
नफ़रत से भरी इस कायनात में
इश्क़ दर्द-ए-दिल की मरहम है

— Raj
रचना का सार
YourQuote.in

52. मुझे मालूम नहीं

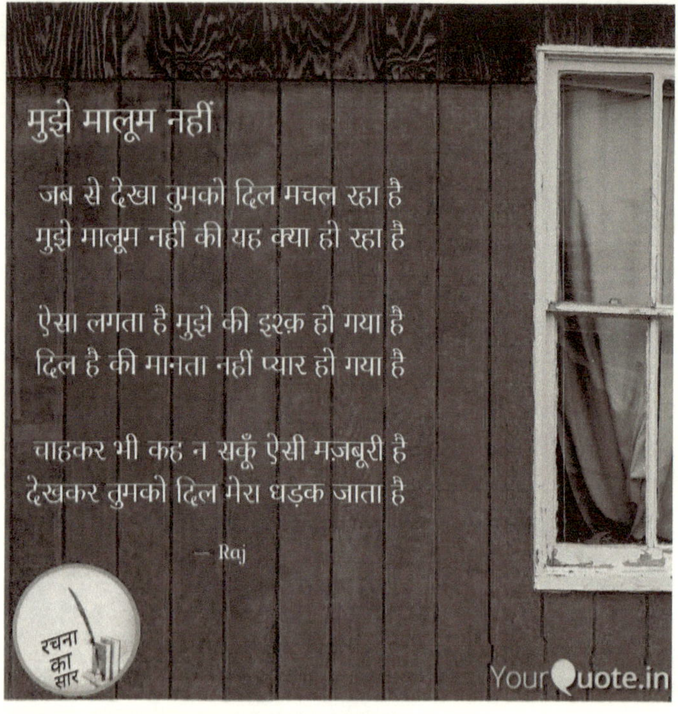

मुझे मालूम नहीं

जब से देखा तुमको दिल मचल रहा है
मुझे मालूम नहीं की यह क्या हो रहा है

ऐसा लगता है मुझे की इश्क़ हो गया है
दिल है की मानता नहीं प्यार हो गया है

चाहकर भी कह न सकूँ ऐसी मज़बूरी है
देखकर तुमको दिल मेरा धड़क जाता है

— Raj

53. चाय, बारिश और तुम

54. काँटे भी हैं बाग़ की शान

55. जुदाई की रात

जुदाई की रात
जुदाई की रात और सहमी सी वो बात
आँखों में आँसू और दर्द-ए-दिल बेशुमार
नींद भी आये और याद भी बहुत सताए
दिल तड़प ऊठे और बेचैन भी हो जाए
— Raj
YourQuote.in

56. जब तुमसे प्यार हुआ

57. मुर्शिद - गुरु

कहते है लोग मुर्शिद-ए-इश्क़ का होना जरुरी है
मैं कहूँ इश्क़-इश्क़ है मुर्शिद की क्या जरुरत है
— Raj
मुर्शिद/مرشد
instructor/गुरु
YourQuote.in

58. ख़ुशनुमा शाम

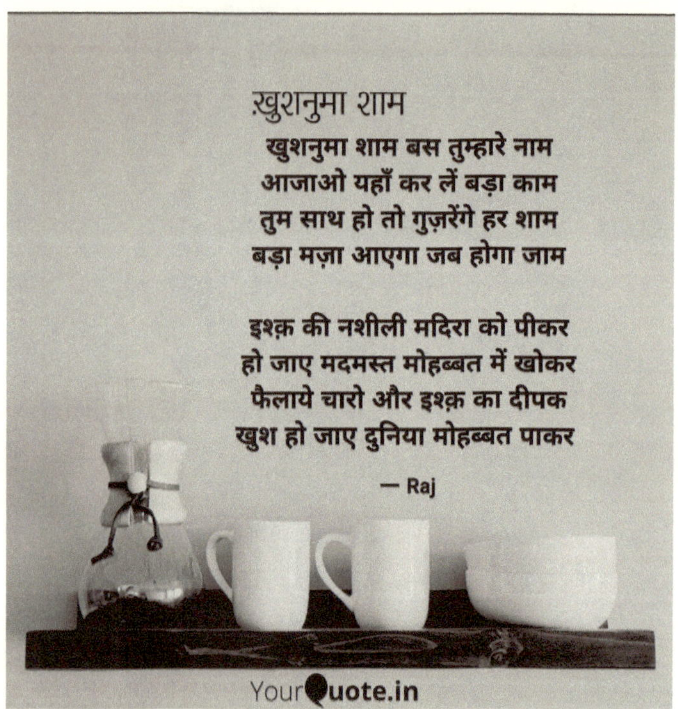

ख़ुशनुमा शाम
खुशनुमा शाम बस तुम्हारे नाम
आजाओ यहाँ कर लें बड़ा काम
तुम साथ हो तो गुज़रेंगे हर शाम
बड़ा मज़ा आएगा जब होगा जाम

इश्क़ की नशीली मदिरा को पीकर
हो जाए मदमस्त मोहब्बत में खोकर
फैलाये चारो और इश्क़ का दीपक
खुश हो जाए दुनिया मोहब्बत पाकर

— Raj
YourQuote.in

59. किताब की हर पन्ने पर

इस किताब की हर पन्ने पर हमारी दास्ताँ-ए-मोहब्बत है
जितना भी इसे पढ़ लूँ मैं लगता उतना ही कम है

— Raj

60. कल की चिंता करने वाले

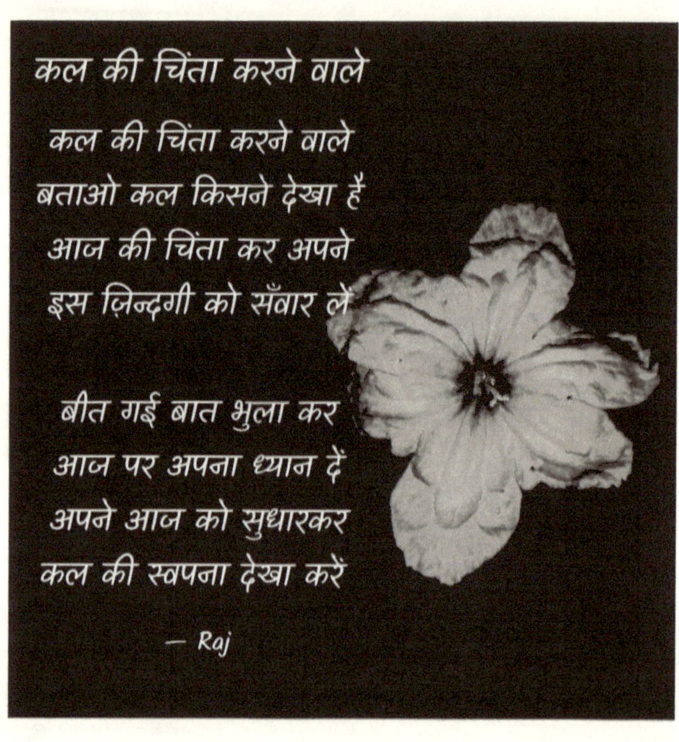

61. दुनिया अजब तमाशा

दुनिया अजब तमाशा
लगता है इसमें मेळा

दिल की यहाँ पे बोली
लगता है एकदम खुली

जिसे पसंद है वो ले लेंगे
जिसे नापसंद वो दे देंगे

मोहब्बत का बाजार यहाँ
लगता है हर रोज़ यहाँ

— Raj

62. मासूम हालात तो नहीं

63. मेरे आशियाने में

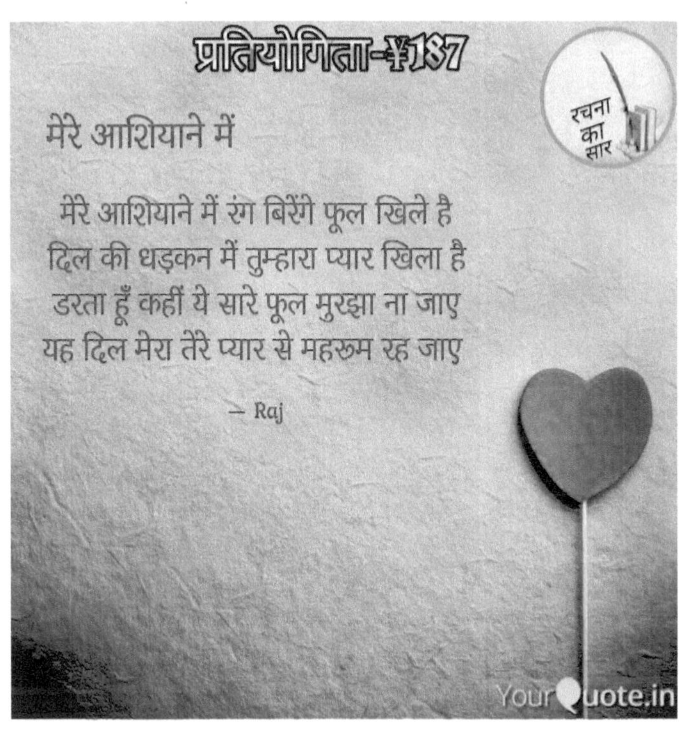

प्रतियोगिता-187
रचना का सार
मेरे आशियाने में

मेरे आशियाने में रंग बिरंगे फूल खिले है
दिल की धड़कन में तुम्हारा प्यार खिला है
डरता हूँ कहीं ये सारे फूल मुरझा ना जाए
यह दिल मेरा तेरे प्यार से महरूम रह जाए

— Raj
YourQuote.in

64. चाह होनी चाहिए

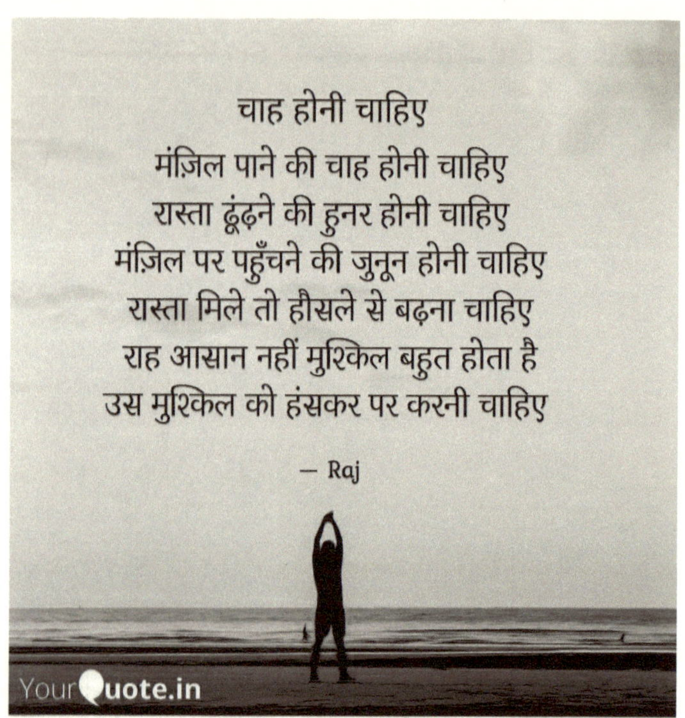

चाह होनी चाहिए
मंज़िल पाने की चाह होनी चाहिए
रास्ता ढूंढ़ने की हुनर होनी चाहिए
मंज़िल पर पहुँचने की जुनून होनी चाहिए
रास्ता मिले तो हौसले से बढ़ना चाहिए
राह आसान नहीं मुश्किल बहुत होता है
उस मुश्किल की हंसकर पर करनी चाहिए

— Raj

YourQuote.in

65. तजस्सुस - जिज्ञासा

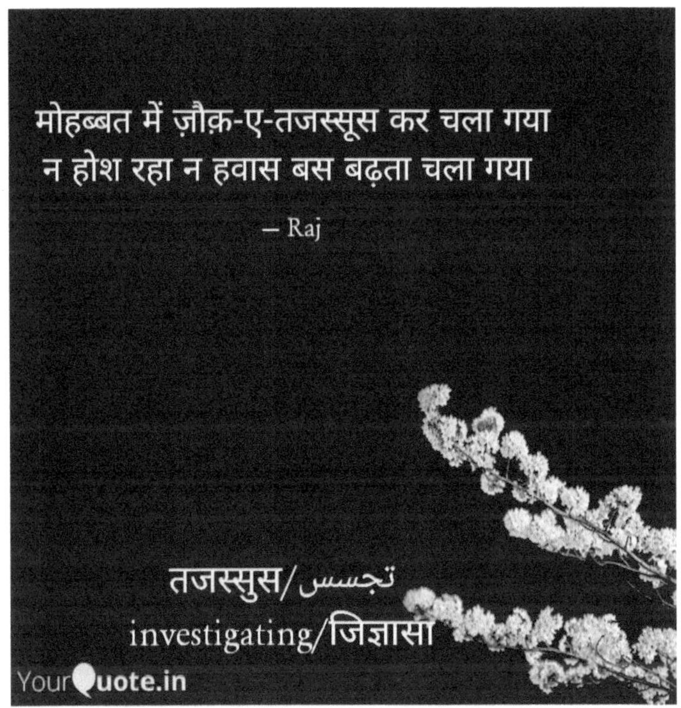

66. मसाइल - समस्या

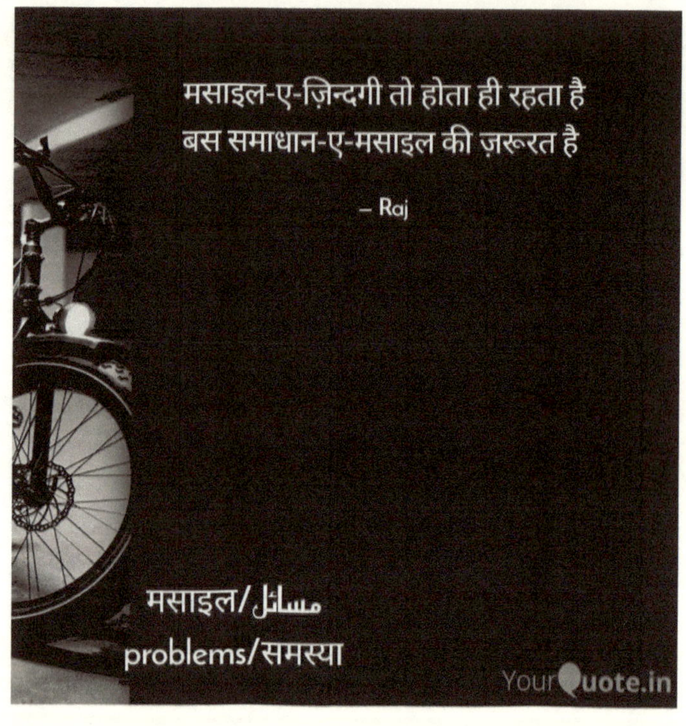

मसाइल-ए-ज़िन्दगी तो होता ही रहता है
बस समाधान-ए-मसाइल की ज़रूरत है
– Raj
मसाइल/مسائل
problems/समस्या
YourQuote.in

67. सदियों से था इंतज़ार

68. नामुमकिन तो नहीं

नामुमकिन तो नहीं

मुमकिन है सब अगर चाहे यहाँ
नामुमकिन तो नही है कुछ भी यहाँ
कोशिश करें तो आसान लगे पाना
नही तो लगे सब नामुमकिन यहाँ

मेहनत से ही सब मुमकिन होता है
मेहनत न हो सब मुश्किल लगता है
आलस छोड़ मेहनत करो यहाँ प्यारे
कर लो हर मनोकामना अपने पुरे प्यारे

— Raj

Sublime Inscriptions

69. नफ़रत की इस दुनिया में

70. बारिश

"बारिश"

निकला है उस राह पर और ये रिमझिम सी बरसात
आया है बारिश का मौसम लेकर राहत का एहसास
कितना मज़ा आता है जब ये तन-मन भीगा जाए
अपनी छतरी न हो साथ और पूरा ही भीग जाए

— Raj

71. क्यों मौत से डरता है

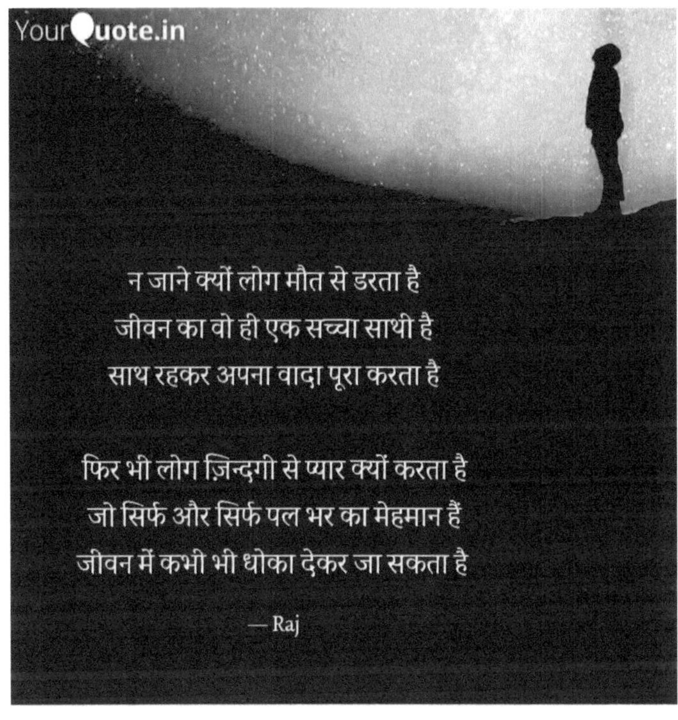

72. पहली मुलाकात

पहली मुलाकात
पहली मुलाकात और आँखें चार
करने लग गया उसे ढेर सारा प्यार

अब नहीं रह पता उसे देखें बिना
नींद भी नहीं लगता उसे चाहे बिना

पहली नज़र का यह पहला प्यार
भूल जाए उसे यह नहीं होगा यार

– Raj

73. प्रेम पत्र

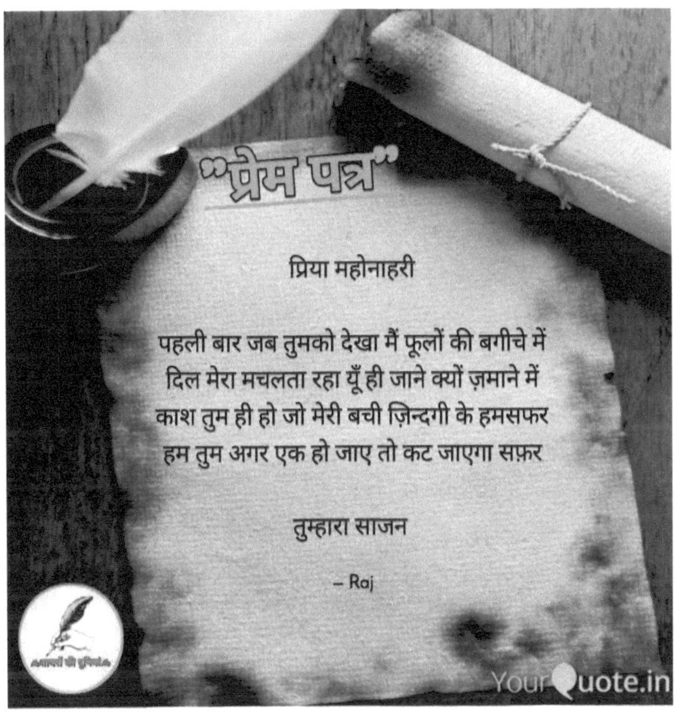

"प्रेम पत्र"

प्रिया महोनाहरी

पहली बार जब तुमको देखा मैं फूलों की बगीचे में
दिल मेरा मचलता रहा यूँ ही जाने क्यों ज़माने में
काश तुम ही हो जो मेरी बची ज़िन्दगी के हमसफर
हम तुम अगर एक हो जाए तो कट जाएगा सफ़र

तुम्हारा साजन

— Raj

YourQuote.in

74. प्रकृति की रूप में

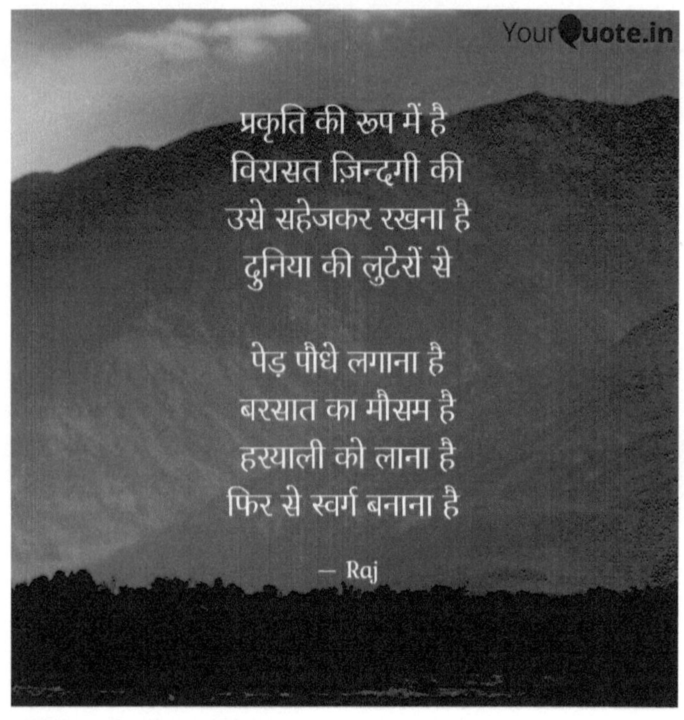

प्रकृति की रूप में है
विरासत ज़िन्दगी की
उसे सहेजकर रखना है
दुनिया की लुटेरों से

पेड़ पौधे लगाना है
बरसात का मौसम है
हरियाली को लाना है
फिर से स्वर्ग बनाना है

— Raj

75. रात अभी अभी

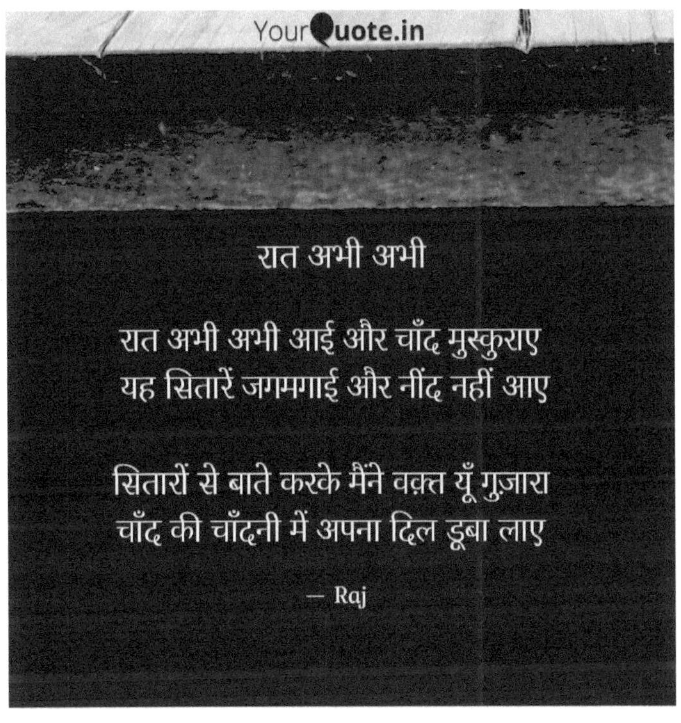
Your Quote.in
रात अभी अभी

रात अभी अभी आई और चाँद मुस्कुराए
यह सितारें जगमगाई और नींद नहीं आए

सितारों से बाते करके मैंने वक़्त यूँ गुज़ारा
चाँद की चाँदनी में अपना दिल डूबा लाए

— Raj

76. साफ़-गोई

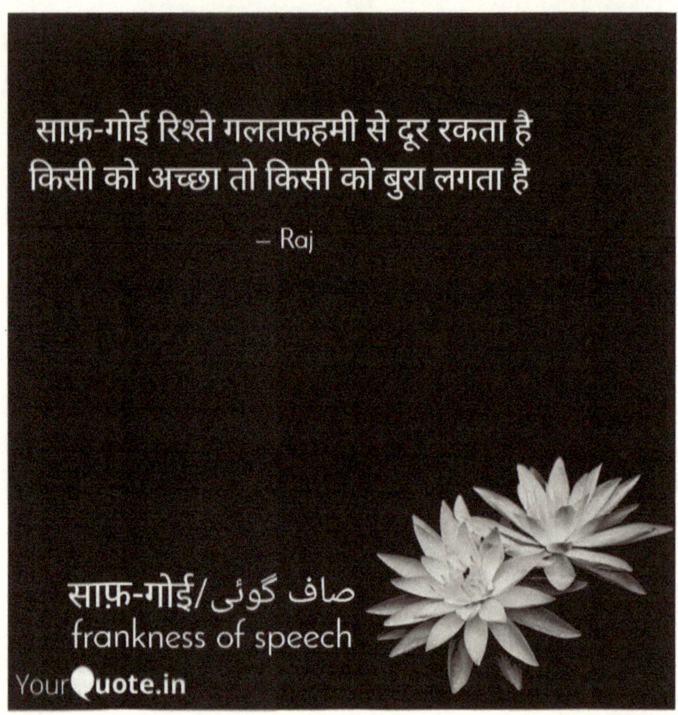

साफ़-गोई रिश्ते गलतफहमी से दूर रकता है
किसी को अच्छा तो किसी को बुरा लगता है
– Raj
साफ़-गोई/صاف گوئی
frankness of speech
YourQuote.in

77. सब्र - धर्य

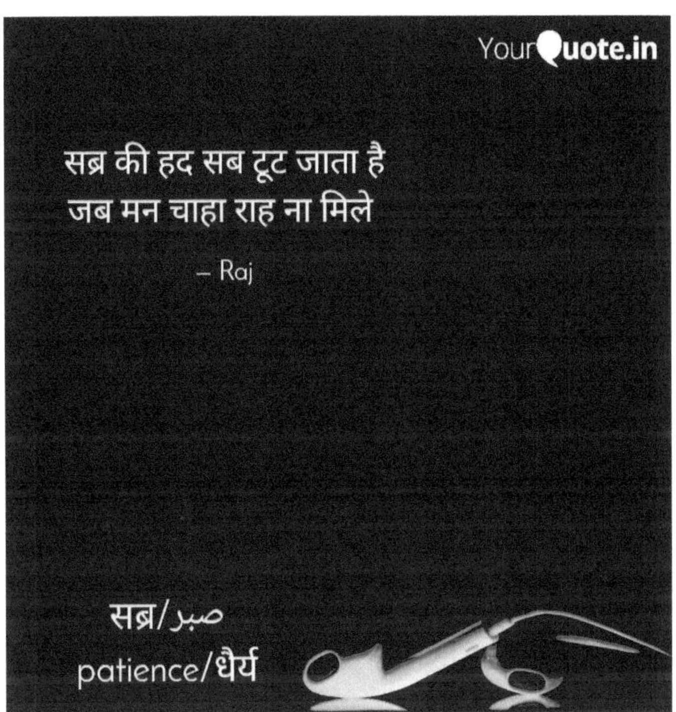

YourQuote.in
सब्र की हद सब टूट जाता है
जब मन चाहा राह ना मिले
– Raj
सब्र/صبر
patience/धैर्य

78. सच्चा इश्क़

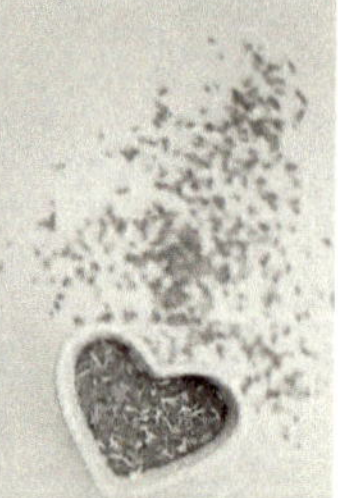

सच्चा इश्क़ दिल से निकलती है ज़ुबान से नहीं
दिल की बात को समझो ज़ुबान की नहीं
धोका दें जाते है ज़ुबान से सुनी बातें यहाँ
क्यूँकि इस दुनिया में फरेबीयों की कमी नहीं

— Raj

79. सच्चा प्यार कैसा होता है?

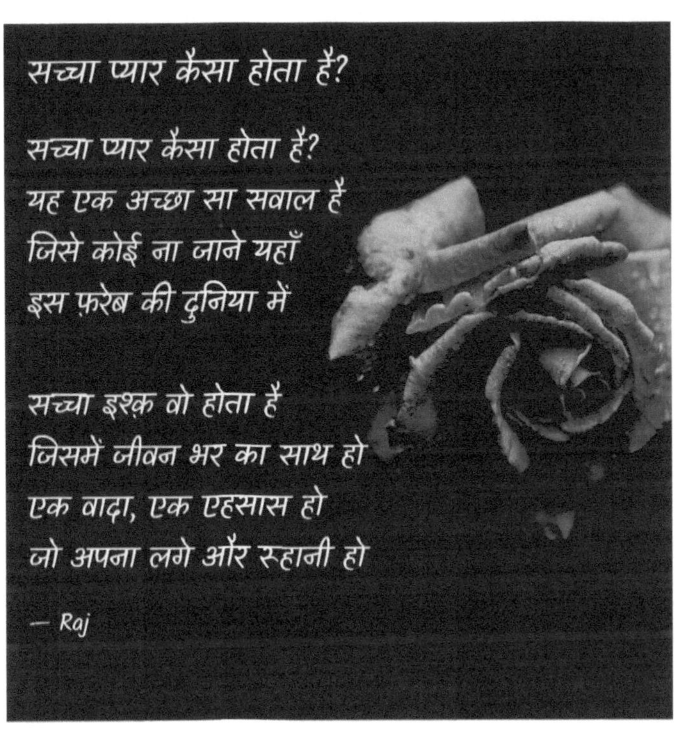

80. सफ़ीना - नाव

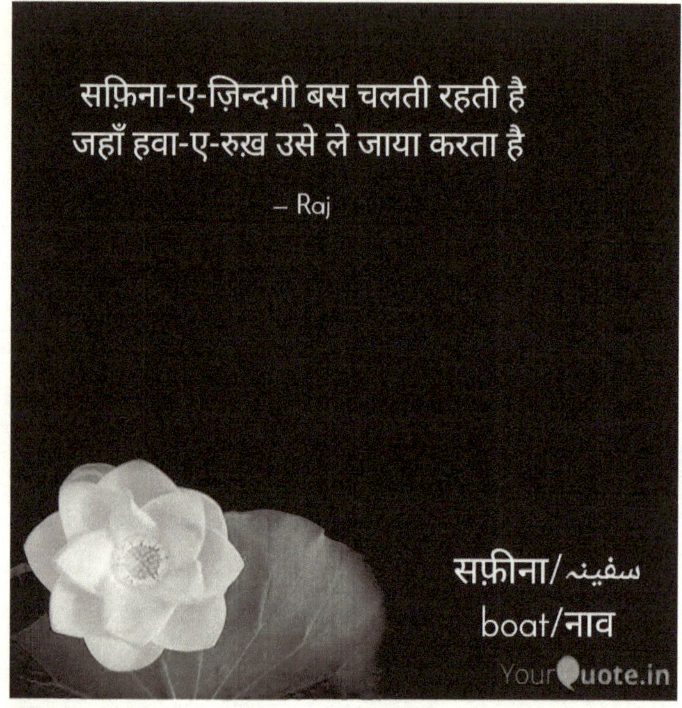

सफ़ीना-ए-ज़िन्दगी बस चलती रहती है
जहाँ हवा-ए-रुख़ उसे ले जाया करता है
– Raj
सफ़ीना/سفينه
boat/नाव
YourQuote.in

81. सजालूँ तेरी तस्वीर

82. सपने सच ही होंगे

सपने सच ही होंगे

सपने सच ही होंगे
एक न एक दिन होंगे
देख कर सपने यूँ ही
पूरा करने में लगे होंगे

ग़र सपने पुरे करना है
मेहनत करना ही होगा
मेहनत के सिवा यहाँ
सब कुछ अधूरा होगा

देखो खूबसूरत सपने
हर रोज़ देखो नए नए
पूरा कर लो मनोकामना
लगे रहो मेहनत में यहाँ

— Raj

Sublime Inscriptions

83. सर पर फूलों का ताज़

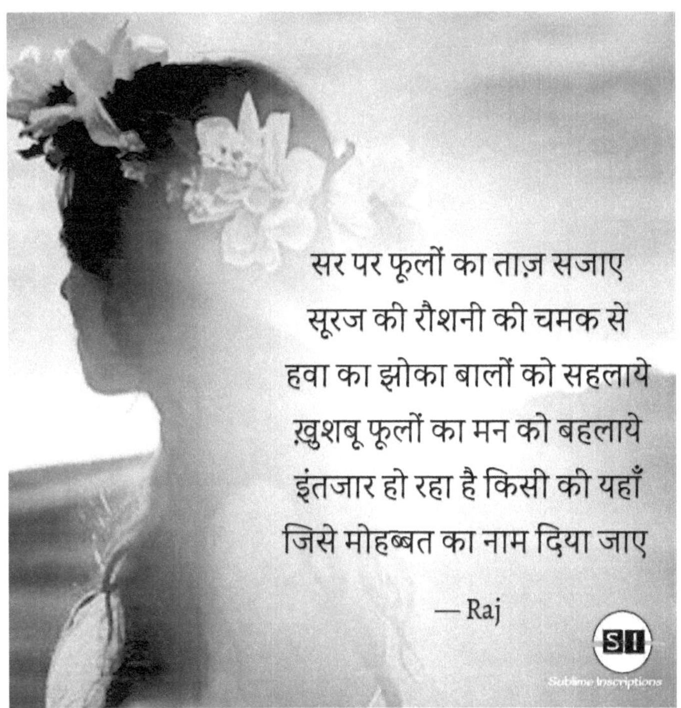

84. सत्य का महत्त्व

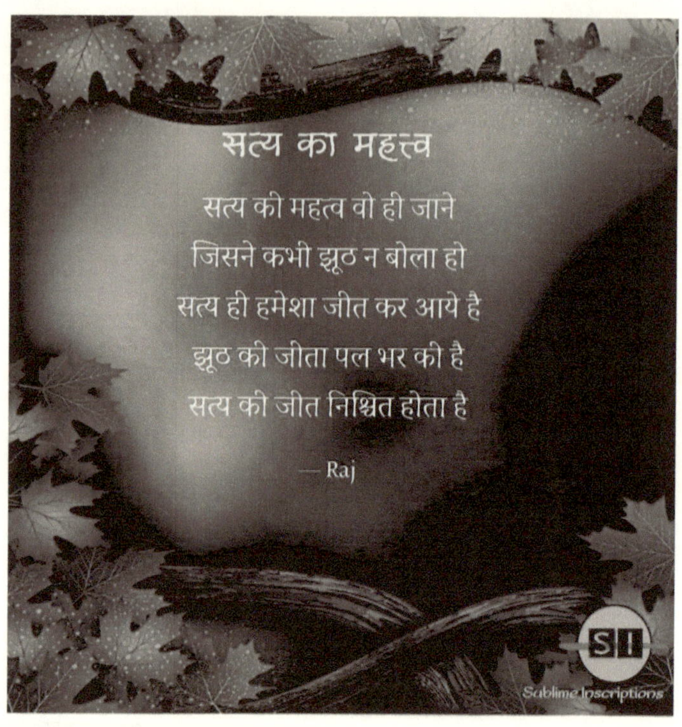

85. सुकून की हवाएँ

प्रतियोगिता-₹197
सुकून की हवाएँ

सुकून की हवाएँ ला रहा है मोहब्बत की सौगात
जल्दी से आ जाओ यहाँ और कर लो मुलाक़ात

मिल जाए हम-तुम, हो जाए इश्क़ की बरसात
मौसम भी सुहाना है अब तो थाम लो मेरा हाथ

— Raj

86. सूनी सूनी सी ज़िन्दगी

87. तजरबा - अनुभव

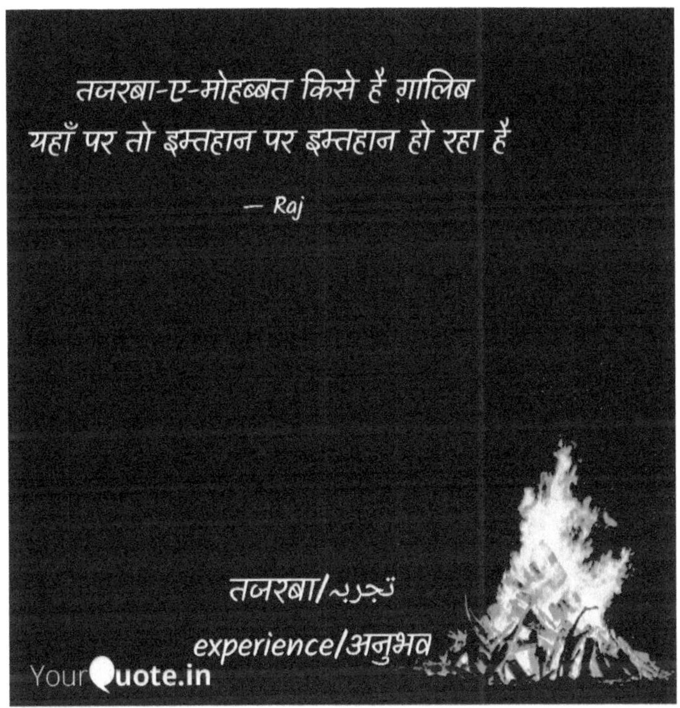

तजरबा-ए-मोहब्बत किसे है ग़ालिब
यहाँ पर तो इम्तहान पर इम्तहान हो रहा है

— Raj

तजरबा/تجربہ
experience/अनुभव
YourQuote.in

88. तन्हाई वो साथी है

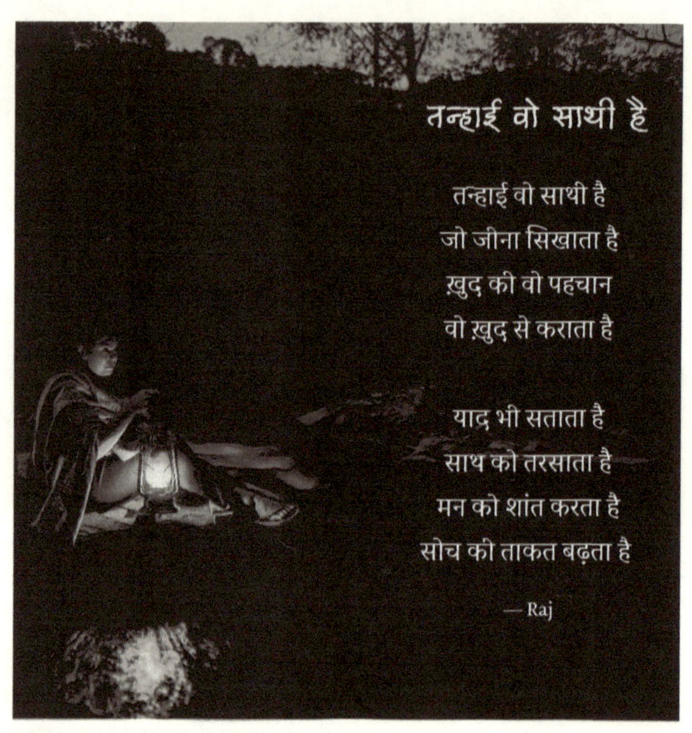

तन्हाई वो साथी है

तन्हाई वो साथी है
जो जीना सिखाता है
खुद की वो पहचान
वो ख़ुद से कराता है

याद भी सताता है
साथ को तरसाता है
मन को शांत करता है
सोच की ताकत बढ़ता है

— Raj

89. तुम भी लौट आओ

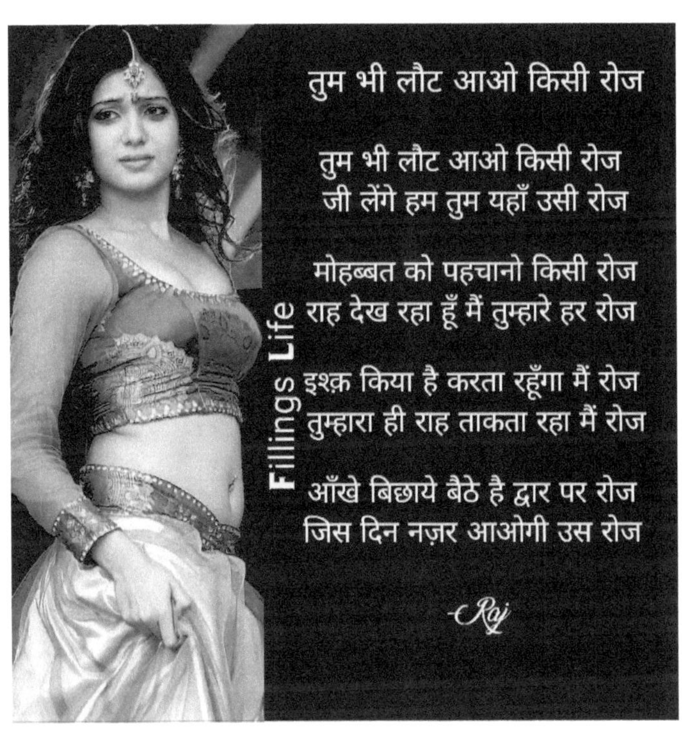

तुम भी लौट आओ किसी रोज

तुम भी लौट आओ किसी रोज
जी लेंगे हम तुम यहाँ उसी रोज

मोहब्बत को पहचानो किसी रोज
राह देख रहा हूँ मैं तुम्हारे हर रोज

इश्क़ किया है करता रहूँगा मैं रोज
तुम्हारा ही राह ताकता रहा मैं रोज

आँखे बिछाये बैठे है द्वार पर रोज
जिस दिन नज़र आओगी उस रोज

Fillings Life
-Raj

90. तुम्हें खोने का डर

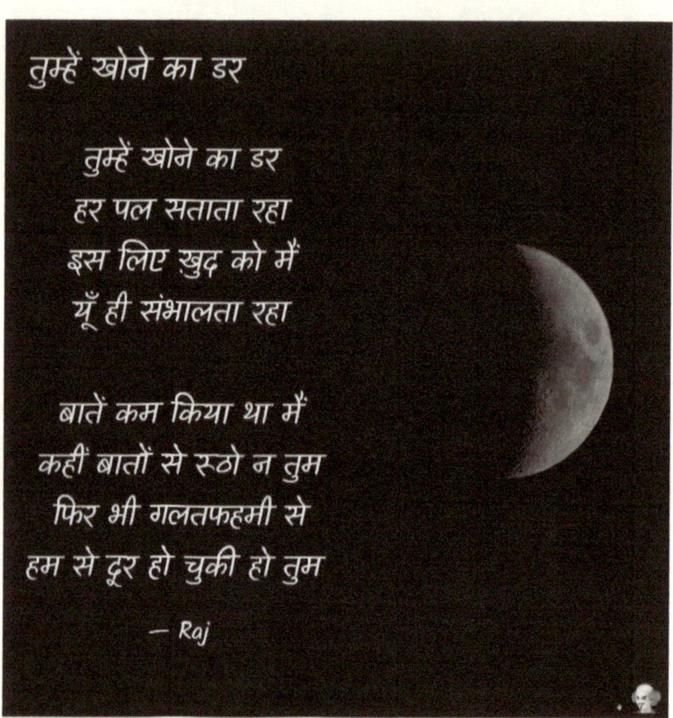

तुम्हें खोने का डर

तुम्हें खोने का डर
हर पल सताता रहा
इस लिए खुद को मैं
यूँ ही संभालता रहा

बातें कम किया था मैं
कहीं बातों से रूठो न तुम
फिर भी गलतफहमी से
हम से दूर हो चुकी हो तुम

— Raj

91. प्यार का एहसास

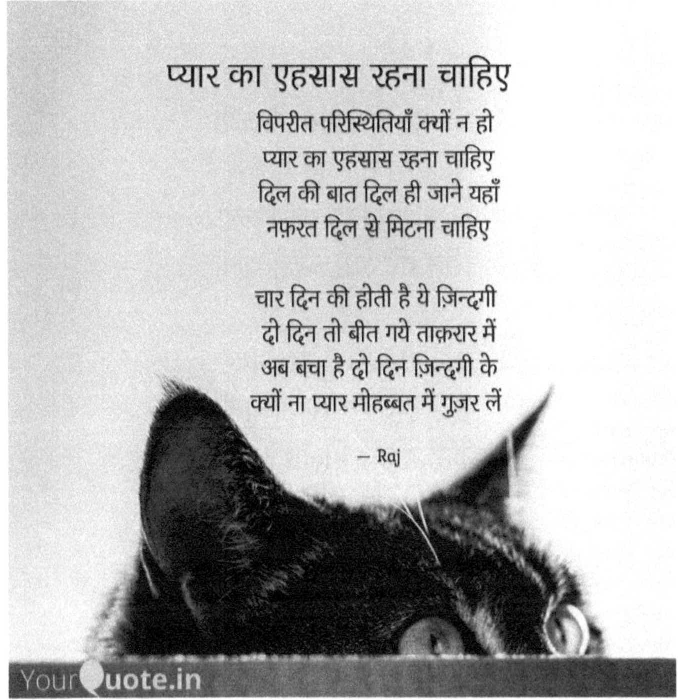

प्यार का एहसास रहना चाहिए
विपरीत परिस्थितियाँ क्यों न हो
प्यार का एहसास रहना चाहिए
दिल की बात दिल ही जाने यहाँ
नफ़रत दिल से मिटना चाहिए

चार दिन की होती है ये ज़िन्दगी
दो दिन तो बीत गये तक़रार में
अब बचा है दो दिन ज़िन्दगी के
क्यों ना प्यार मोहब्बत में गुज़र लें

— Raj
YourQuote.in

92. जो भी करो मन से करो

जो भी करो मन से करो
विश्वास की मन में धरो
दिल से अपने काम करो
जीत की और बढ़ते चलो

कर हौसला बुलंद अपने
उस राह पर चलता चलो
काँटे हज़ार मिलेंगे राह में
उस को हँसकर पार करो

— Raj

93. वक़्त के अजीब किस्से

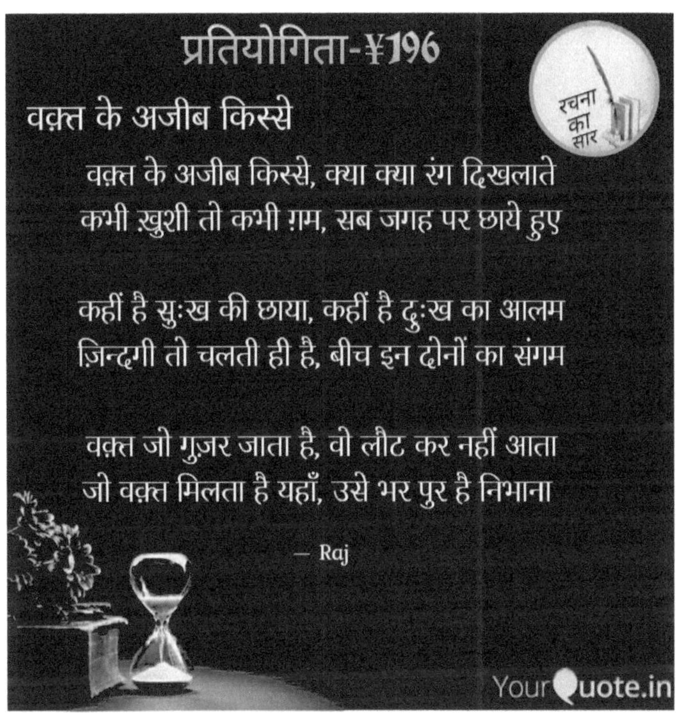

94. यादों के पन्नों पर

यादों के पन्नों पर

यादों के पन्नों पर जीवन की दास्ताँ हैं
जिसे याद कर कभी ख़ुशी कभी ग़म हैं

जिसे भूलना चाहे कभी याद वो आते है
और जिसे याद करना है वो आते नही हैं

— Raj

95. कुछ तो होकर रहेगा

96. लब-ओ-रुख़सार - होंठ और गाल

यह लाल-लाल लब-ओ-रुखसार तुम्हारा
कितना खूबसूरत लगता है चेहरा तुम्हारा

— Raj

लब-ओ-रुख़सार/لب و رخسار
lips and cheeks/ होंठ और गाल

97. रात का फ़रमान है

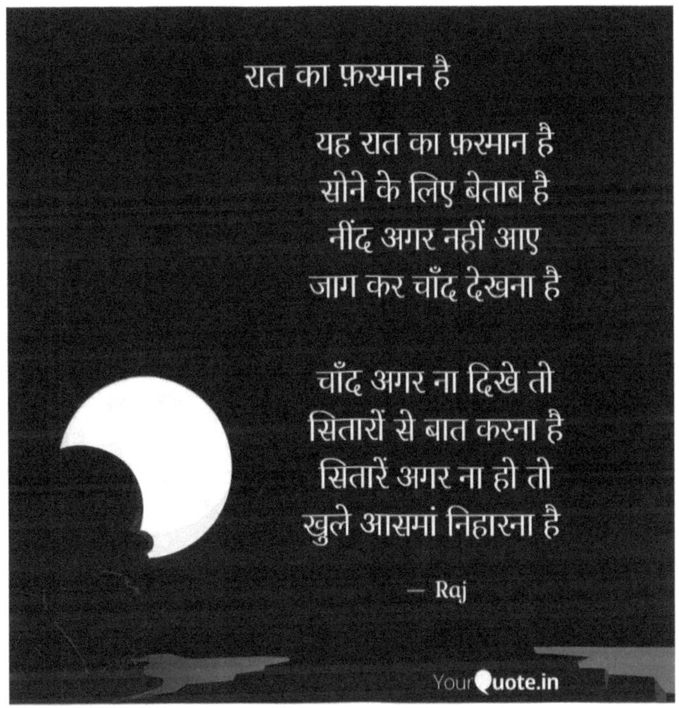

रात का फ़रमान है

यह रात का फ़रमान है
सोने के लिए बेताब है
नींद अगर नहीं आए
जाग कर चाँद देखना है

चाँद अगर ना दिखे तो
सितारों से बात करना है
सितारें अगर ना हो तो
खुले आसमां निहारना है

— Raj

YourQuote.in

98. ज़हीन - प्रतिभावान

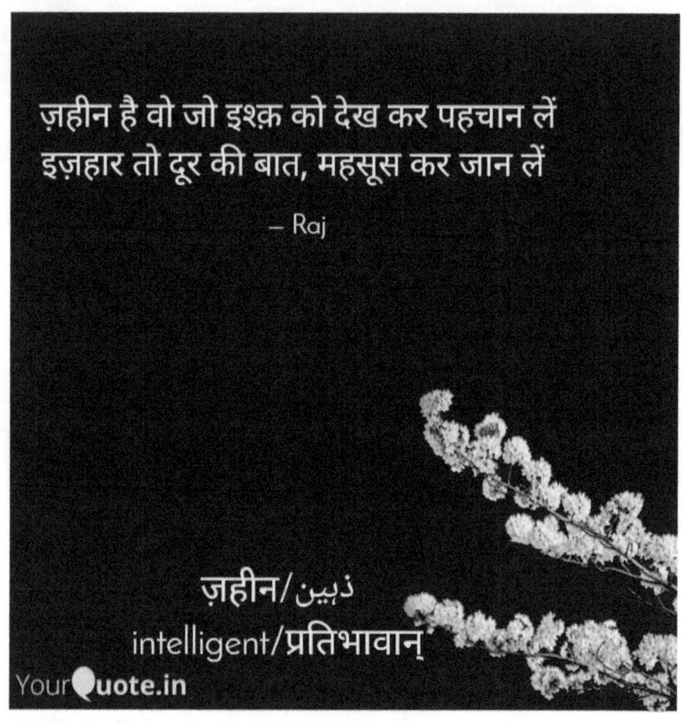

99. ज़िन्दगी जीने के लिए

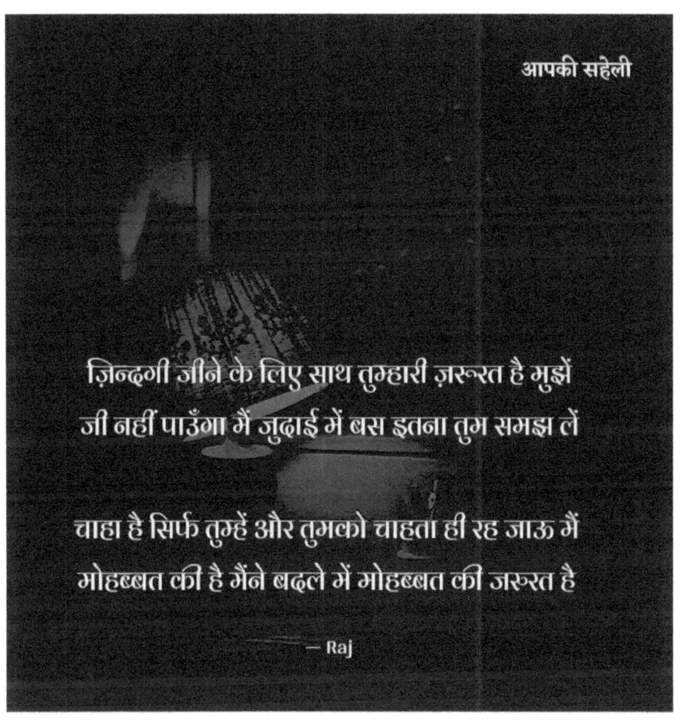

100. कुछ लिखना है

"कुछ लिखना है"
ज़ख्म खाये हैं बहुत इस दिल ने मोहब्बत में
दर्द-ए-दिल की दास्ताँ भी अब कैसे लिखूँ मैं
कुछ लिखना है दिल को हल्का करने के लिए
पर क्या लिखूँगा मैं यह समझ में नहीं आए
दर्द बहुत है लिखने के लिए सह नहीं पाऊ मैं
कैसे लिखूँ कहाँ पर लिखूँ यह समझ नहीं आए
— Raj

अस्वीकरण

सभी रचनाएँ कल्पना पर आधारित हैं। इसका लेखक के जीवन या ब्रह्मांड में किसी से कोई लेना-देना नहीं है। सभी लेख काल्पनिक हैं और किसी जीवित या मृत व्यक्ति से कोई समानता नहीं है। यदि कोई समानता है तो यह मात्र संयोग है।

लेखक की जीवनी

श्री के.सी. श्रीराज मेनन, जिनका जन्म केरल के एक संपन्न परिवार में 09 सितंबर 1973 को श्री कोझीपुरथ संकुन्नी मेनन और श्रीमती किज़हारा चालापुरथ सेथुलक्ष्मी मेनन के घर हुआ और महाराष्ट्र में अधिवासित हैं। वह बचपन से ही तेज-तर्रार शायरी करते थे, कहते और भूल जाते थे। एक बार उनके एक करीबी दोस्त ने इस पर गौर किया और उन्हें जो भी कविताएँ या उद्धरण कहते थे, उन्हें लिखने के लिए मजबूर किया और तब से उन्होंने लिखना शुरू कर दिया। उन्होंने अपनी कविताओं और उद्धरणों को अपने और अपने करीबी दोस्तों के पास तब तक सीमित रखा जब तक उन्हें अपने कामों को ऑनलाइन लिखने के लिए एक मंच नहीं मिला। वह Your Quote साइट पर एक सक्रिय लेखक हैं और उन्हें प्रतियोगिता के लिए कई प्रशंसापत्र और प्रमाणपत्र प्राप्त हुए हैं। वह एक बहुभाषी लेखक हैं और उनका लेखन विस्मयकारी है। चाहे वह अंग्रेजी, हिंदी, उर्दू, मलयालम और मराठी हो, वह सभी भाषाओं में उत्कृष्ट है। वह कई दिलचस्प लेखकों के लिए एक बड़ी प्रेरणा भी हैं। वह मुंबई विश्वविद्यालय से स्नातक हैं। वह एक एकाउंटेंट हैं और एक स्व-शिक्षित कंप्यूटर इंजीनियर भी हैं। उनके कौशल शीर्ष पायदान पर हैं और उनके पास कई प्रमाणपत्र हैं। अभिनय, लेखन, पेंटिंग और नृत्य और संगीत सुनना आदि... आदि उनके जुनून हैं।

Mail Id.: - shreeraj_m@yahoo.co.uk